Impressum
Verlag: BABADADA GmbH, Nedderfeld 112 , 22529 Hamburg
Geschäftsführer / Verlagsleitung: Harald Hof
Druck: Books on Demand GmbH, In de Tarpen 42, 22848 Norderstedt

Imprint
Publisher: BABADADA GmbH, Nedderfeld 112 , 22529 Hamburg, Germany
Managing Director / Publishing direction: Harald Hof
Print: Books on Demand GmbH, In de Tarpen 42, 22848 Norderstedt, Germany

1

de school

школа

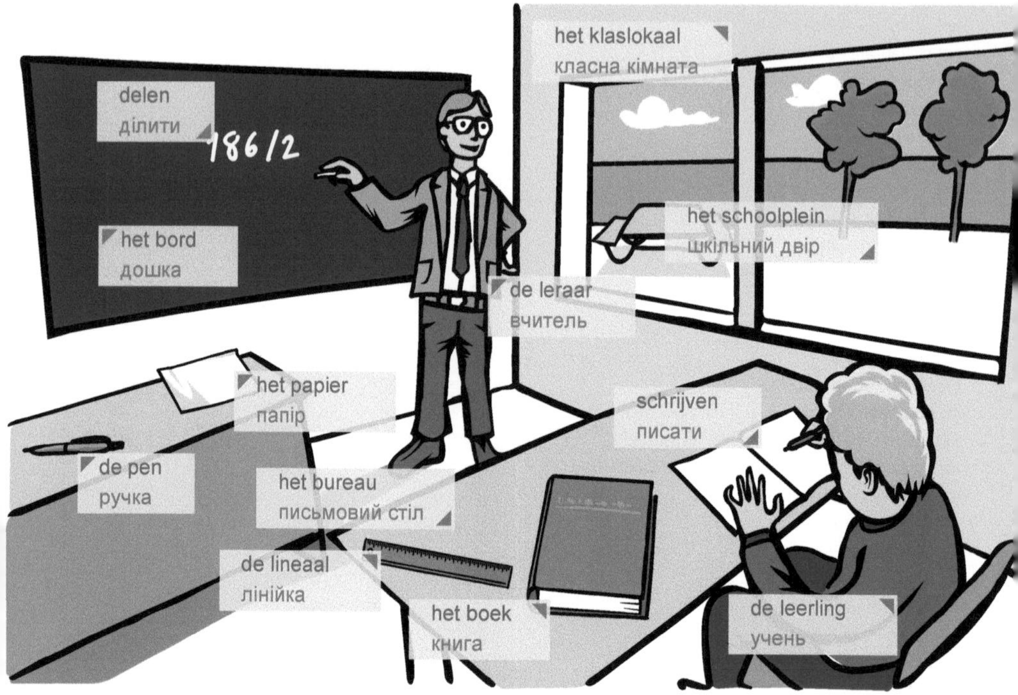

het klaslokaal
класна кімната
delen
ділити
186/2
het bord
дошка
het schoolplein
шкільний двір
de leraar
вчитель
het papier
папір
schrijven
писати
de pen
ручка
het bureau
письмовий стіл
de lineaal
лінійка
het boek
книга
de leerling
учень

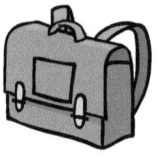

de schooltas

ранець

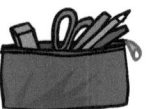

de etui

пенал

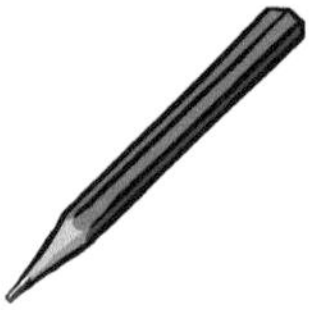

het potlood

олівець

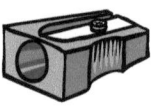

de puntenslijper

точило

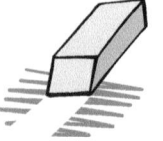

de gum

гумка

het schetsblok

альбом для малювання

de tekening

малюнок

het penseel

пензель

de verfdoos

коробка фарб

de schaar

ножиці

de lijm

клей

het schrift

зошит

het huiswerk

домашнє завдання

het getal

число

optellen

додавати

aftrekken

віднімати

vermenigvuldigen

множити

rekenen

рахувати

de letter

літера

het alfabet

абетка

het woord

слово

de tekst

текст

lezen

читати

het krijt

крейда

de les

година

het klassenboek

класний журнал

het examen

екзамен

het diploma

диплом

het schooluniform

шкільна форма

de opleiding

освіта

de encyclopedie

лексикон

de universiteit

університет

de microscoop

мікроскоп

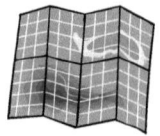

de kaart

карта

de prullenmand

кошик для паперу

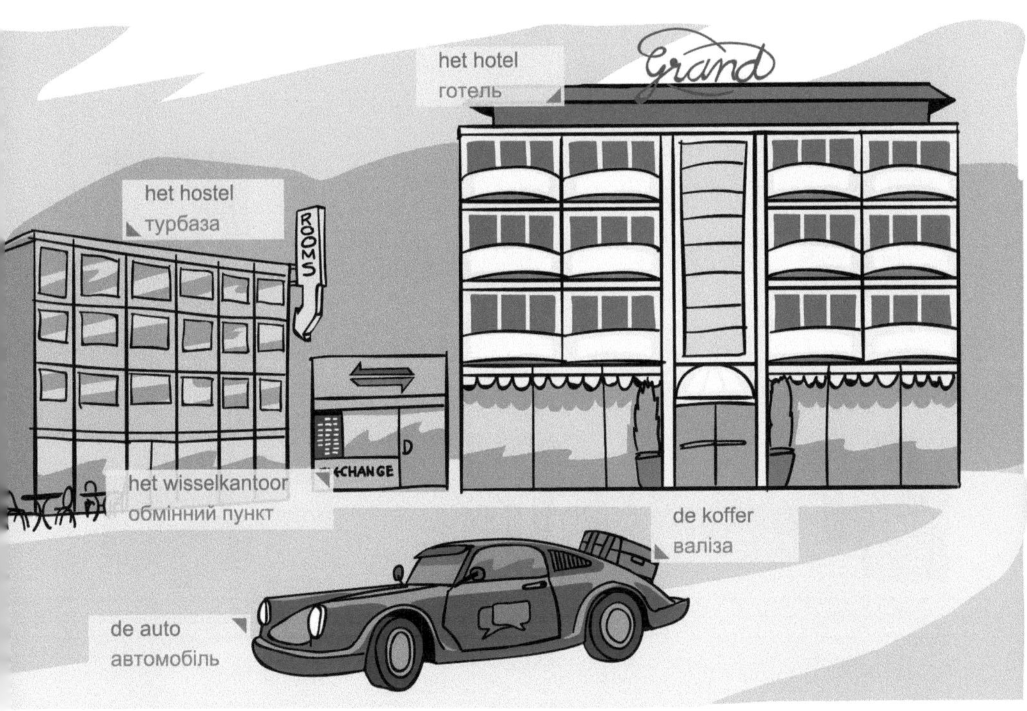

het hotel
готель
Grand
het hostel
турбаза
ROOMS
het wisselkantoor
обмінний пункт
EXCHANGE
de koffer
валіза
de auto
автомобіль

de taal

мова

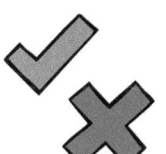

ja / nee

так / ні

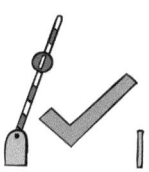

oké

добре

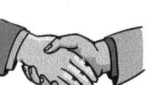

Hallo!

привіт

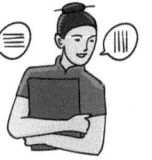

de tolk

перекладач

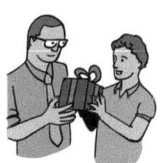

Bedankt.

дякую

Wat kost ...?

Скільки коштує ...?

Ik begrijp het niet.

Я не розумію

het probleem

проблема

Goedenavond!

Добрий вечір!

Goedemorgen!

Доброго ранку!

Goedenacht!

На добраніч!

Tot ziens!

До побачення

de richting

напрямок

de bagage

багаж

de tas

сумка

de rugzak

рюкзак

de gast

гість

de kamer

кімната

de slaapzak

спальний мішок

de tent

намет

het VVV-kantoor

туристична інформація

het strand

пляж

de creditkaart

кредитна картка

het ontbijt

сніданок

de lunch

обід

het diner

вечеря

het kaartje

квиток

de lift

ліфт

de postzegel

поштова марка

de grens

межа

de douane

митниця

de ambassade

посольство

het visum

віза

het paspoort

паспорт

het transport

транспорт

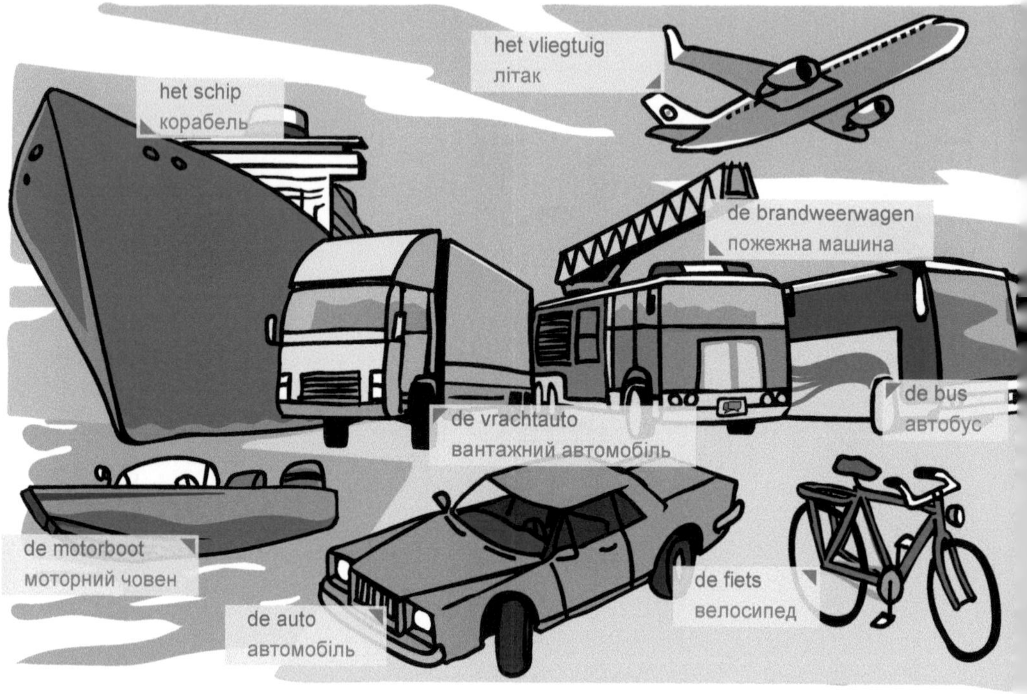
het vliegtuig
літак
het schip
корабель
de brandweerwagen
пожежна машина
de bus
автобус
de vrachtauto
вантажний автомобіль
de motorboot
моторний човен
de fiets
велосипед
de auto
автомобіль

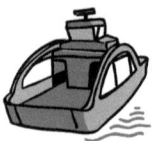

de veerboot

пором

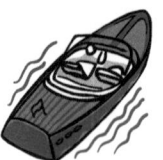

de boot

човен

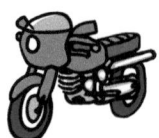

de motorfiets

мотоцикл

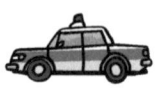

de politiewagen

поліцейська машина

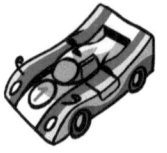

de raceauto

гоночний автомобіль

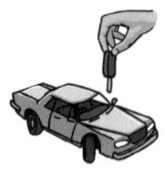

de huurauto

автомобіль на прокат

de carsharing

пільне користування авто

de takelwagen

евакуатор

de vuilniswagen

сміттєвоз

de motor

двигун

de benzine

паливо

de benzinepomp

автозаправна станція

het verkeersbord

дорожній знак

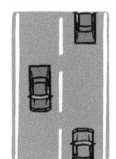

het verkeer

рух

de file

затор

de parkeerplaats

стоянка

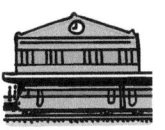

het station

вокзал

de rails

рейки

de trein

потяг

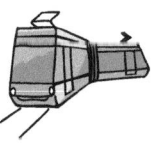

de tram

трамвай

de wagon

вагон

de helikopter

гелікоптер

de luchthaven

аеропорт

de toren

вежа

de passagier

пасажир

de container

контейнер

de verhuisdoos

коробка

de kar

візок

de mand

кошик

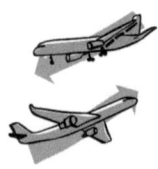

opstijgen / landen

стартувати / приземлятися

de stad

місто

het dorp

село

het stadscentrum

центр міста

het huis

дім

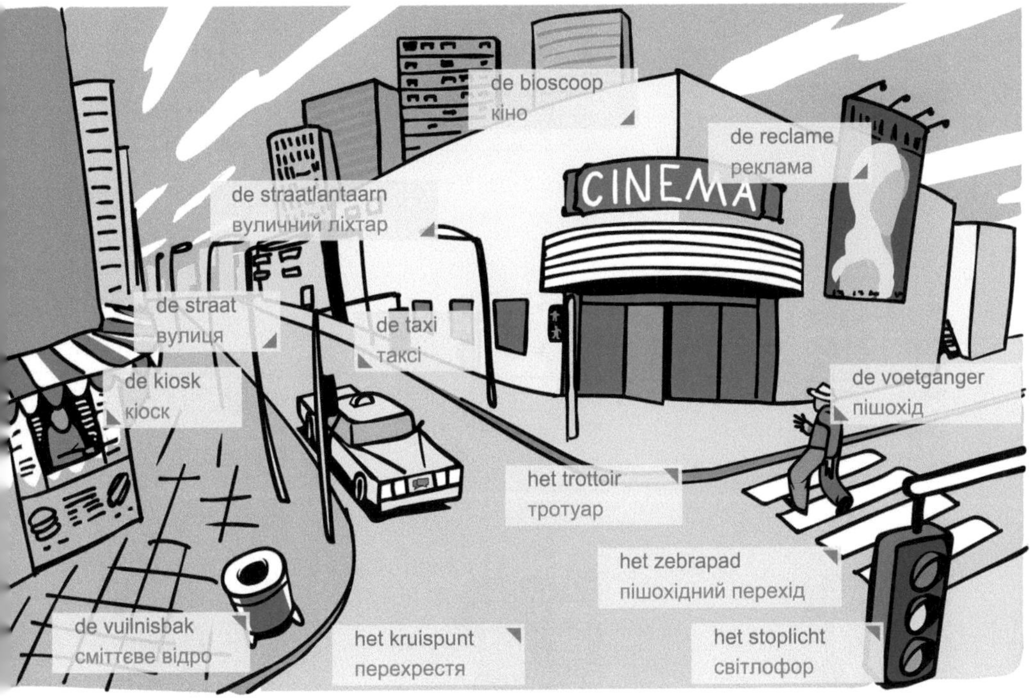

de bioscoop
кіно

de reclame
реклама

de straatlantaarn
вуличний ліхтар

CINEMA

de straat
вулиця

de taxi
таксі

de voetganger
пішохід

de kiosk
кіоск

het trottoir
тротуар

het zebrapad
пішохідний перехід

de vuilnisbak
сміттєве відро

het kruispunt
перехрестя

het stoplicht
світлофор

de hut

хатина

het appartement

квартира

het station

вокзал

het stadhuis

ратуша

het museum

музей

de school

школа

de universiteit

університет

de bank

банк

het ziekenhuis

лікарня

het hotel

готель

de apotheek

аптека

het kantoor

офіс

de boekenwinkel

книжковий магазин

de winkel

магазин

de bloemenwinkel

квітковий магазин

de supermarkt

супермаркет

de markt

ринок

het warenhuis

універмаг

de visboer

торговець рибою

het winkelcentrum

торговельний центр

de haven

гавань

het park

парк

de bank

лава

de brug

міст

de trap

сходи

de metro

метро

de tunnel

тунель

de bushalte

автобусна зупинка

de bar

бар

het restaurant

ресторан

de brievenbus

поштова скринька

het straatnaambord

вулична табличка

de parkeermeter

лічильник паркування

de dierentuin

зоопарк

het zwembad

басейн

de moskee

мечеть

de boerderij

ферма

de vervuiling

забруднення
навколишнього
середовища

de begraafplaats

кладовище

de kerk

церква

de speelplaats

дитячий майданчик

de tempel

храм

het landschap
ландшафт

de boerderij

het blad
листок

de wegwijzer
вказівний стовп

de weg
шлях

de weide
луг

de steen
камінь

de boom
дерево

de wandelaar
мандрівник

de rivier
річка

het gras
трава

de bloem
квітка

de vallei

долина

de berg

гора

het meer

озеро

het bos

ліс

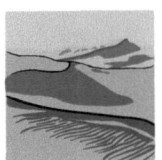

de woestijn

пустеля

de vulkaan

вулкан

het kasteel

замок

de regenboog

веселка

de paddenstoel

гриб

de palmboom

пальма

de mug

комар

de vlieg

муха

de mier

мурашка

de bij

бджола

de spin

павук

de kever

жук

de kikker

жаба

de eekhoorn

вивірка

de egel

їжак

de haas

заєць

de uil

сова

de vogel

птах

de zwaan

лебідь

het wild zwijn

кабан

het hert

олень

de eland

лось

de stuwdam

гребля

de windmolen

вітряк

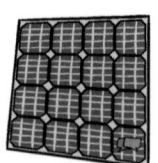

het zonnepaneel

сонячний модуль

het klimaat

клімат

het landschap - ландшафт

het restaurant
ресторан

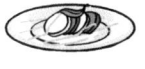

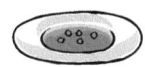

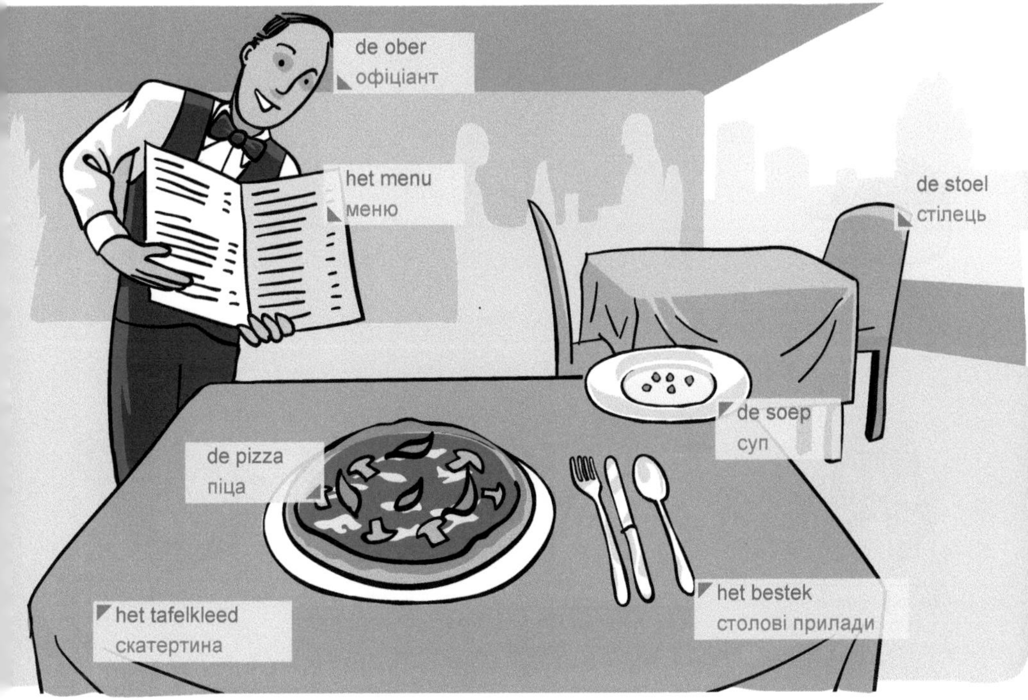
de ober
офіціант
het menu
меню
de stoel
стілець
de soep
суп
de pizza
піца
het tafelkleed
скатертина
het bestek
столові прилади

het voorgerecht
закуска

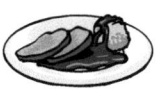

het hoofdgerecht
друга страва

het toetje
десерт

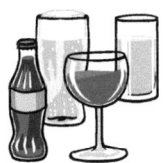

de dranken
напої

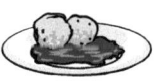

het eten
їжа

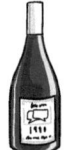

de fles
пляшка

de/het fastfood

фаст-фуд

het eetkraampje

вулична їжа

de theepot

чайник

de suikerpot

цукорниця

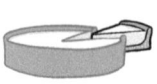

de portie

порція

de espressomachine

еспресо-машина

de kinderstoel

високий стільчик

de rekening

рахунок

het dienblad

піднос

het mes

ніж

de vork

вилка

de lepel

ложка

de theelepel

чайна ложка

het servet

серветка

het glas

склянка

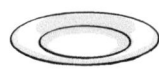

het bord
тарілка

het soepbord
тарілка для супу

de schotel
блюдце

de saus
соус

het zoutvaatje
солонка

de pepermolen
млин для перцю

de azijn
оцет

de olie
масло

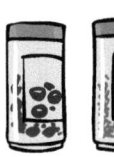

de kruiden
спеції

de ketchup
кетчуп

de mosterd
гірчиця

de mayonaise
майонез

de supermarkt

супермаркет

de aanbieding
пропозиція
FOR
de klant
клієнт
de zuivelproducten
молочні продукти
het fruit
фрукти
de winkelwagen
візок для покупок

BUTCHERS

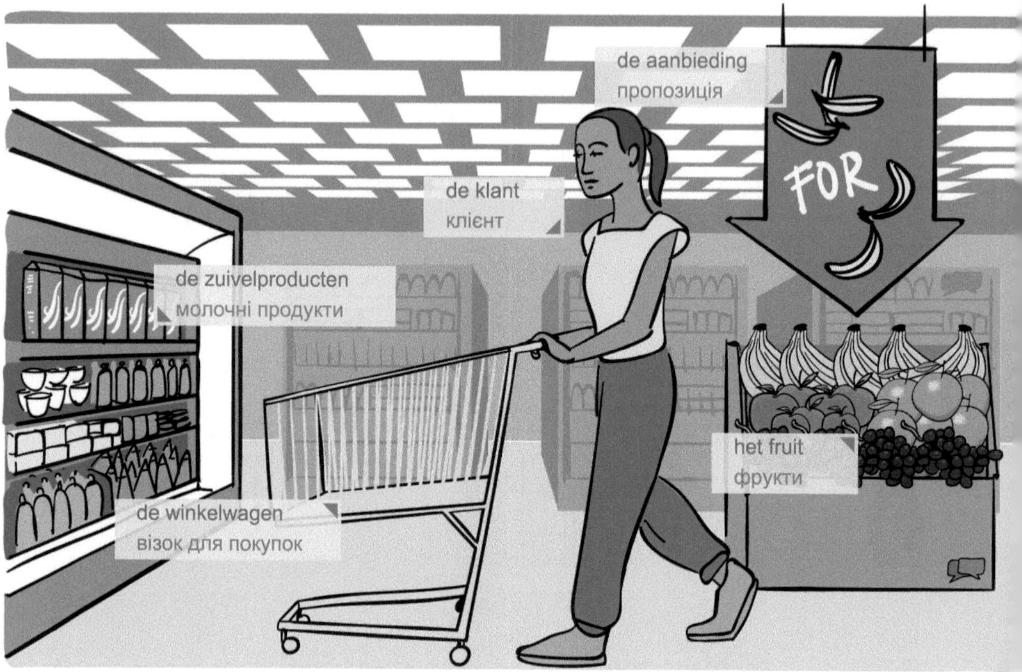

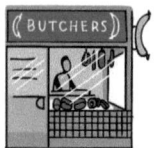

de slager

м'ясний магазин

BAKERY

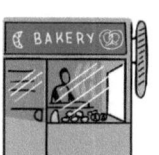

de bakkerij

пекарня

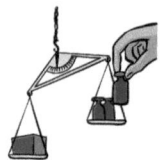

wegen

зважувати

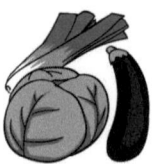

de groente

овочі

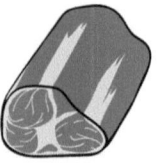

het vlees

м'ясо

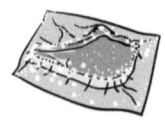

de diepvriesproducten

заморожені продукти

de vleeswaren

ковбасна нарізка

de conserven

консерви

het wasmiddel

пральний порошок

het snoepgoed

солодощі

de huishoudelijke artikelen

предмети домашнього побуту

het schoonmaakmiddel

мийний засіб

de verkoopster

продавщиця

de kassa

каса

de kassier

касир

het boodschappenlijstje

список покупок

de openingstijden

часи роботи

de portefeuille

гаманець

de creditkaart

кредитна картка

de tas

сумка

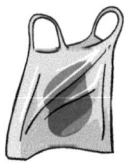

de plastic zak

поліетиленовий пакет

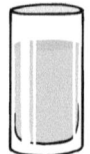

het water

вода

het sap

сік

de melk

молоко

de cola

кола

de wijn

вино

het bier

пиво

de alcohol

алкоголь

de chocolademelk

какао

de thee

чай

de koffie

кава

de espresso

еспресо

de cappuccino

капучіно

de banaan

банан

de appel

яблуко

de sinaasappel

апельсин

de watermeloen

кавун

de citroen

лимон

de wortel

морква

de knoflook

часник

de bamboe

бамбук

de ui

цибуля

de paddenstoel

гриб

de noten

горішки

de pasta

локшина

de spaghetti

спагеті

de rijst

рис

de salade

салат

de friet

картопля фрі

de gebakken aardappelen

смажена картопля

de pizza

піца

de hamburger

гамбургер

de sandwich

бутерброд

de schnitzel

шніцель

de ham

шинка

de salami

салямі

de worst

ковбаса

de kip

курка

het gebraad

печеня

de vis

риба

de havermout

вівсяні пластівці

de muesli

мюслі

de cornflakes

кукурудзяні пластівці

het meel

борошно

de croissant

круасан

de broodjes

булочка

het brood

хліб

de toast

тостовий хліб

de koekjes

печиво

de boter

масло

de kwark

сир

de taart

пиріг

het ei

яйце

het gebakken ei

яєчня

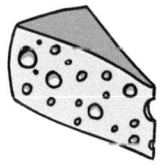

de kaas

сир

het ijs

морозиво

de suiker

цукор

de honing

мед

de jam

мармелад

de chocoladepasta

нуга-крем

de kerrie

карі

de boerderij
ферма

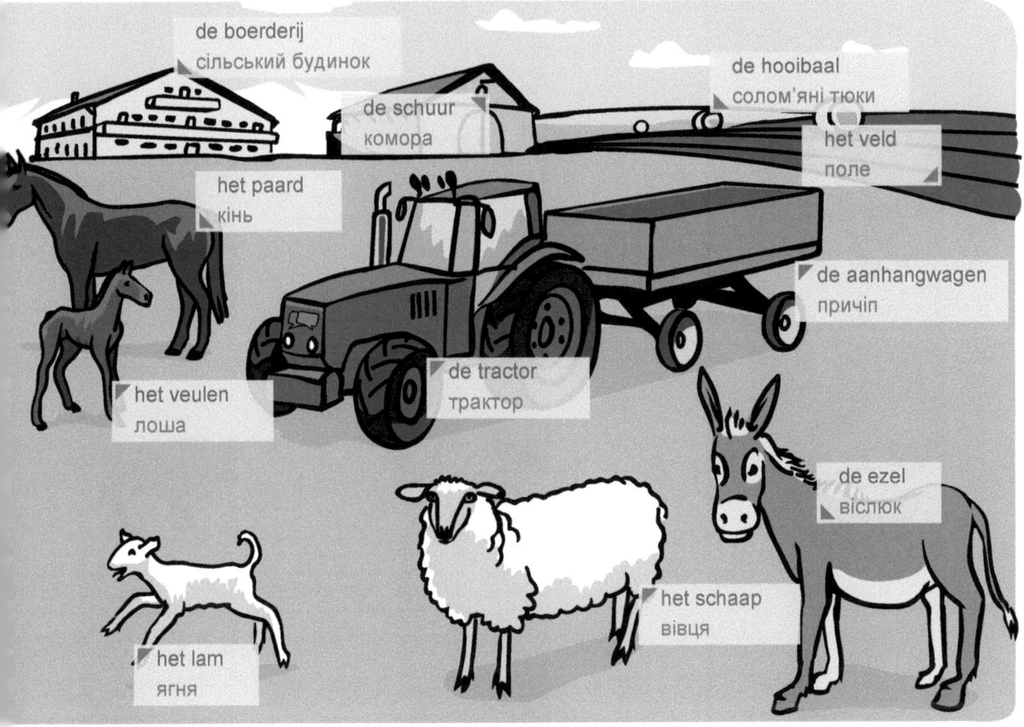

de boerderij
сільський будинок
de schuur
комора
de hooibaal
солом'яні тюки
het veld
поле
het paard
кінь
de aanhangwagen
причіп
de tractor
трактор
het veulen
лоша
de ezel
віслюк
het schaap
вівця
het lam
ягня

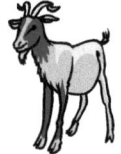

de geit
коза

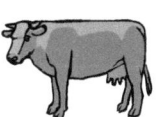

de koe
корова

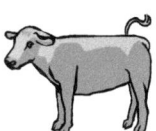

het kalf
теля

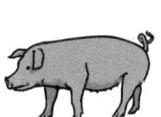

het varken
свиня

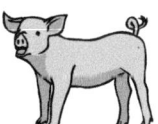

de big
порося

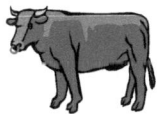

de stier
бик

de gans

гусак

de eend

качка

het kuiken

курча

de kip

курка

de haan

півень

de rat

щур

de kat

кіт

de muis

миша

de os

віл

de hond

собака

het hondenhok

собача будка

de tuinslang

садовий шланг

de gieter

лійка

de zeis

коса

de ploeg

плуг

de sikkel

серп

de schoffel

мотика

de hooivork

вила

de bijl

сокира

de kruiwagen

тачка

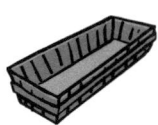

de trog

корито

de melkbus

бідон молока

de zak

мішок

het hek

паркан

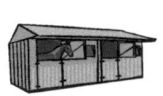

de stal

хлів

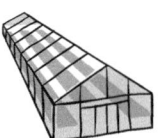

de broeikas

теплиця

de grond

ґрунт

het zaad

насіння

de mest

добриво

de maaidorser

комбайн

oogsten

пожинати

de oogst

урожай

de yam

корінь ямсу

de tarwe

пшениця

de soja

соя

de aardappel

картопля

de maïs

кукурудза

het koolzaad

ріпак

de fruitboom

плодове дерево

de maniok

маніок

de granen

злаки

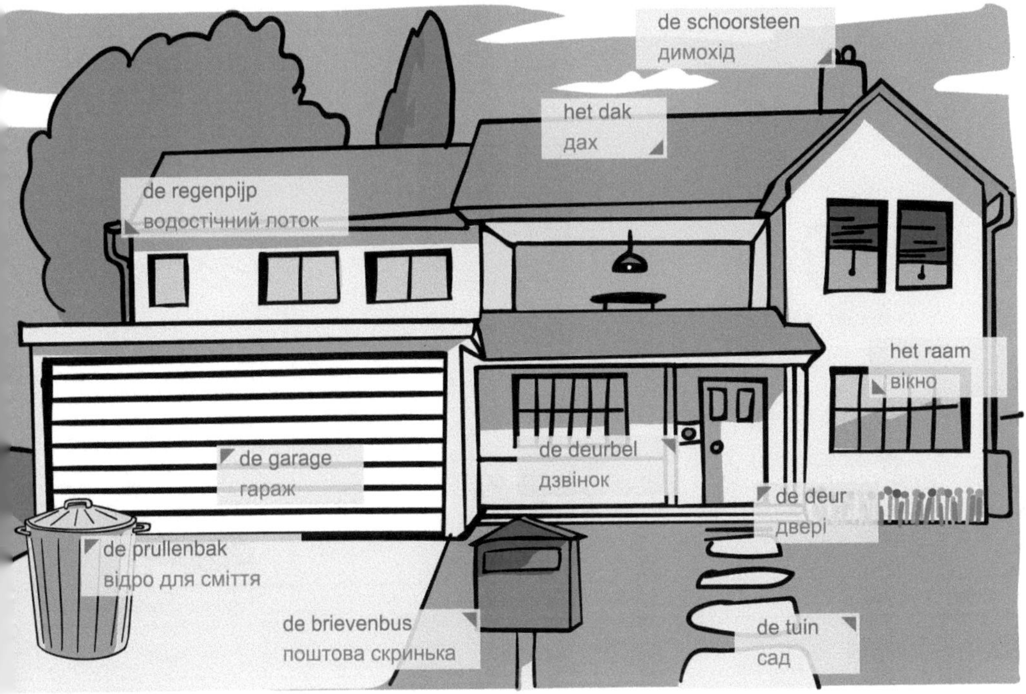

de schoorsteen
димохід

het dak
дах

de regenpijp
водостічний лоток

het raam
вікно

de garage
гараж

de deurbel
дзвінок

de deur
двері

de prullenbak
відро для сміття

de brievenbus
поштова скринька

de tuin
сад

de woonkamer
вітальня

de badkamer
ванна кімната

de keuken
кухня

de slaapkamer
спальня

de kinderkamer
дитяча кімната

de eetkamer
їдальня

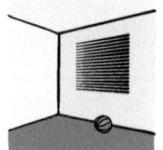

de vloer

підлога

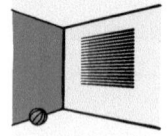

de muur

стіна

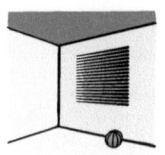

het plafond

стеля

de kelder

підвал

de sauna

сауна

het balkon

балкон

het terras

тераса

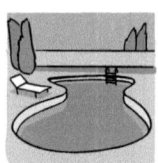

het zwembad

басейн

de grasmaaier

косарка

het laken

простирало

de bedsprei

ковдра

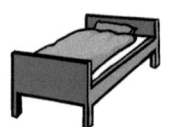

het bed

ліжко

de bezem

мітла

de emmer

відро

de schakelaar

перемикач

de woonkamer
вітальня

het behang
шпалери
de foto
малюнок
de lamp
лампа
de plank
поличка
de kast
шафа
de televisie
телевізор
de open haard
камін
de bloem
квітка
het kussen
подушка
het bankstel
диван
de vaas
ваза
de afstandsbediening
пульт

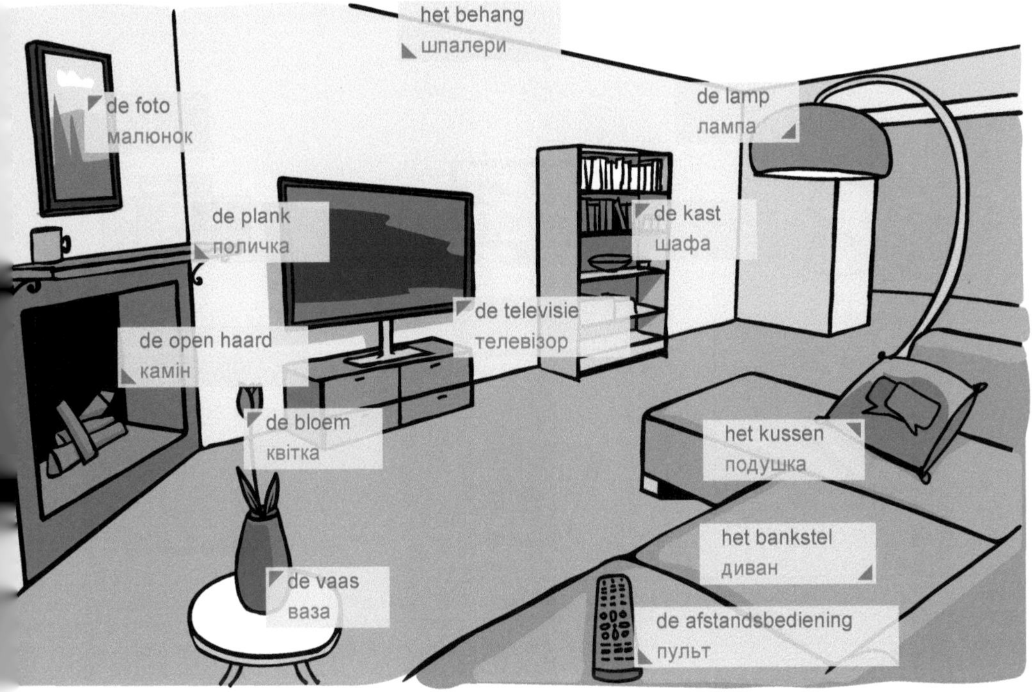

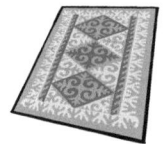

het tapijt

килим

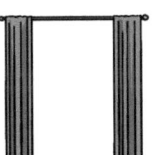

het gordijn

завіса

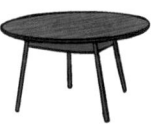

de tafel

стіл

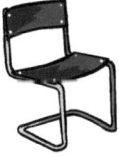

de stoel

стілець

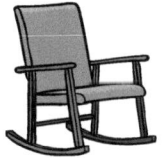

de schommelstoel

крісло-гойдалка

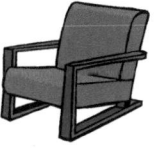

de stoel

крісло

het boek
книга

de deken
ковдра

de decoratie
прикраса

het brandhout
дрова

de film
фільм

de stereo-installatie
стереосистема

de sleutel
ключ

de krant
газета

het schilderij
картина

de poster
плакат

de radio
радіо

het kladblok
блокнот

de stofzuiger
пилосос

de cactus
кактус

de kaars
свічка

de keuken
кухня

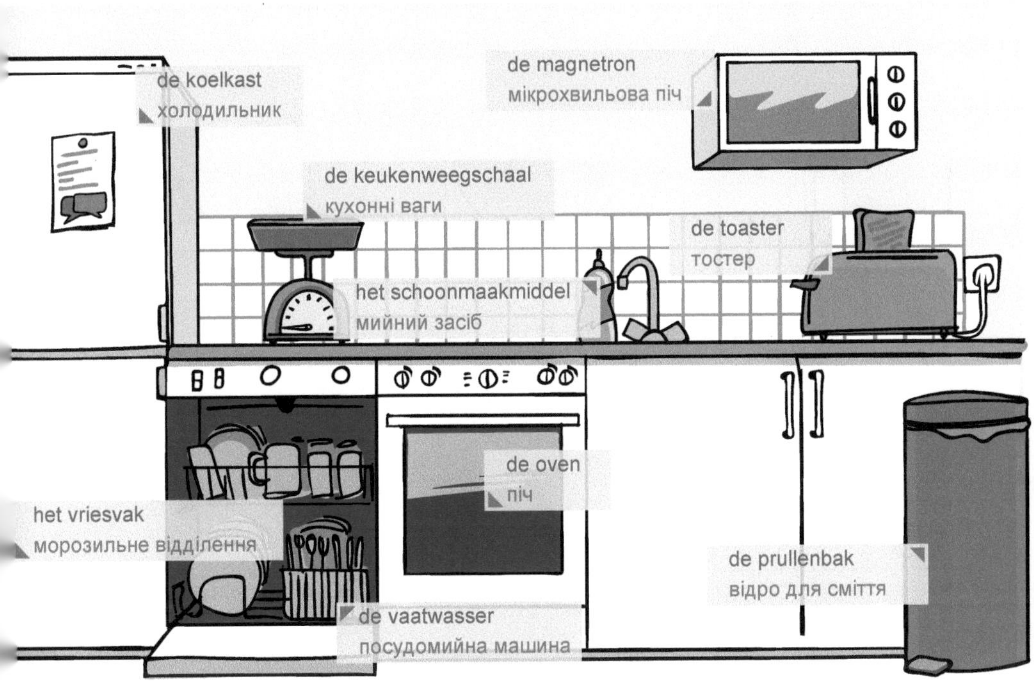
de koelkast
холодильник
de magnetron
мікрохвильова піч
de keukenweegschaal
кухонні ваги
de toaster
тостер
het schoonmaakmiddel
мийний засіб
de oven
піч
het vriesvak
морозильне відділення
de prullenbak
відро для сміття
de vaatwasser
посудомийна машина

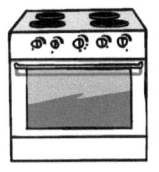

het fornuis
плита

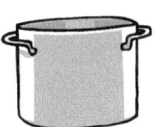

de pan
горщик

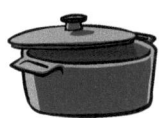

de gietijzeren pan
чавунний горщик

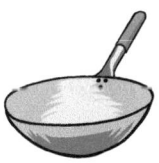

de wok / kadai
вок / кадай

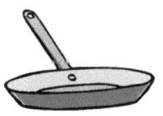

de koekenpan
сковорода

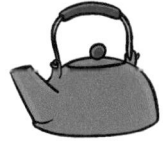

de ketel
чайник

de stoomkoker

пароварка

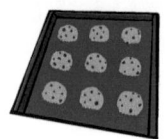

de bakplaat

лист

het servies

посуд

de beker

кухоль

de kom

чаша

de eetstokjes

палички для їжі

de soeplepel

черпак

de spatel

лопатка

de garde

вінчик для збивання

het vergiet

сито

de zeef

сито

de rasp

терка

de vijzel

ступка

de barbecue

барбекю

de vuurhaard

багаття

de snijplank

дошка

de deegroller

качалка

de kurkentrekker

штопор

het blik

конзерва

de blikopener

відкривачка

de pannenlap

прихватки

de wasbak

раковина

de borstel

щітка

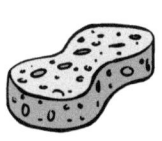

de spons

губка

de blender

міксер

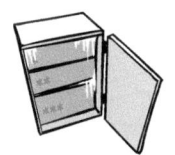

de vriezer

морозильна камера

het babyflesje

дитяча пляшка

de kraan

кран

de badkamer

ванна кімната

de douche
душ
de verwarming
опалення
de handdoek
рушник
het douchegordijn
душова завіса
het bubbelbad
платиста ванна
het bad
ванна
het glas
склянка
de wasmachine
пральна машина
de kraan
кран
de tegels
плитка
het potje
горшок
de wasbak
раковина

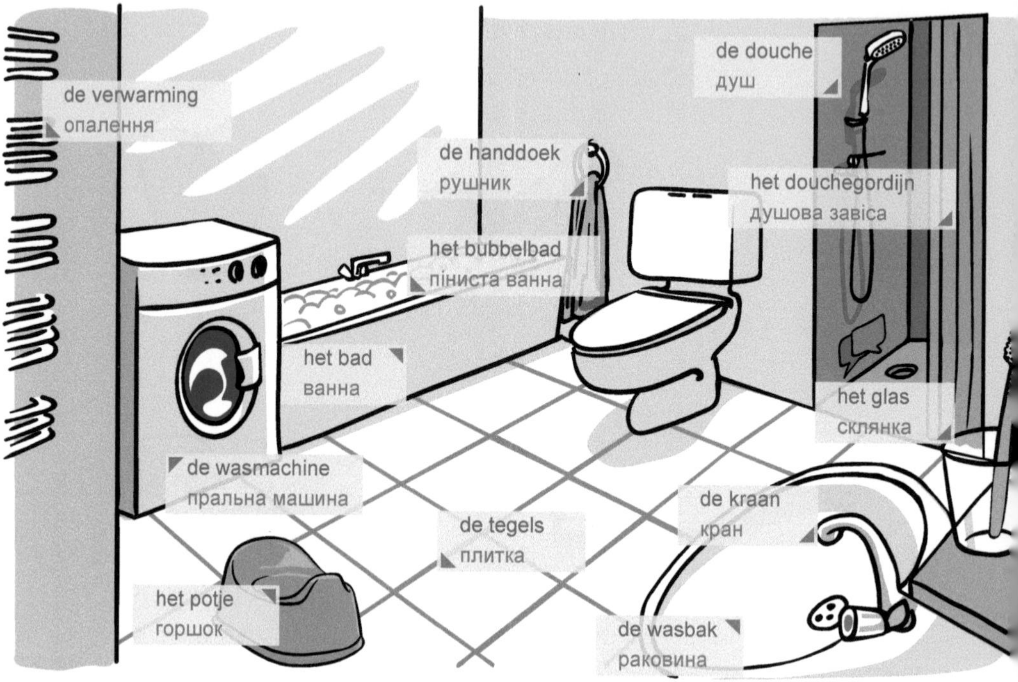

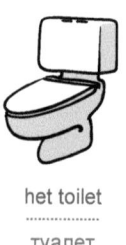

het toilet

туалет

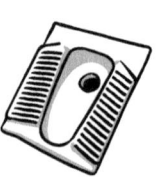

het hurktoilet

підлоговий туалет

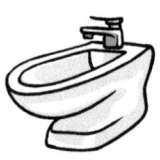

de/het bidet

біде

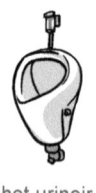

het urinoir

пісуар

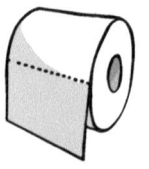

het toiletpapier

туалетний папір

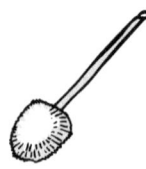

de toiletborstel

щітка для туалету

de tandenborstel

зубна щітка

de tandpasta

зубна паста

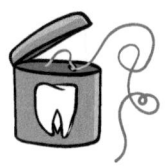

het flosdraad

нитка для чищення зубів

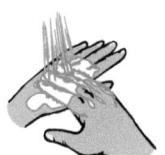

wassen

мити

de handdouche

ручний душ

de toiletdouche

інтимний душ

de waskom

таз

de rugborstel

щітка для спини

de zeep

мило

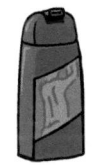

de douchegel

гель для душу

de shampoo

шампунь

het washandje

мочалка

de afvoer

водостік

de creme

крем

de deodorant

дезодорант

de spiegel

дзеркало

de make-upspiegel

косметичне дзеркало

het scheermes

бритва

het scheerschuim

піна для гоління

de aftershave

лосьйон після гоління

de kam

гребінь

de borstel

щітка

de haardroger

фен

de haarspray

лак для волосся

de make-up

косметика

de lippenstift

губна помада

de nagellak

лак для нігтів

de watten

вата

het nagelschaartje

ножиці для нігтів

de/het parfum

парфум

de toilettas

косметичка

de kruk

табурет

de weegschaal

ваги

de badjas

халат

de rubber handschoenen

гумові рукавички

de tampon

тампон

het maandverband

гігієнічні прокладки

het chemisch toilet

біотуалет

de kinderkamer

дитяча кімната

de wekker
будильник
het knuffeldier
м'яка іграшка
de speelgoedauto
іграшковий автомобіль
de rammelaar
брязкальце
het poppenhuis
ляльковий будиночок
het cadeau
подарунок

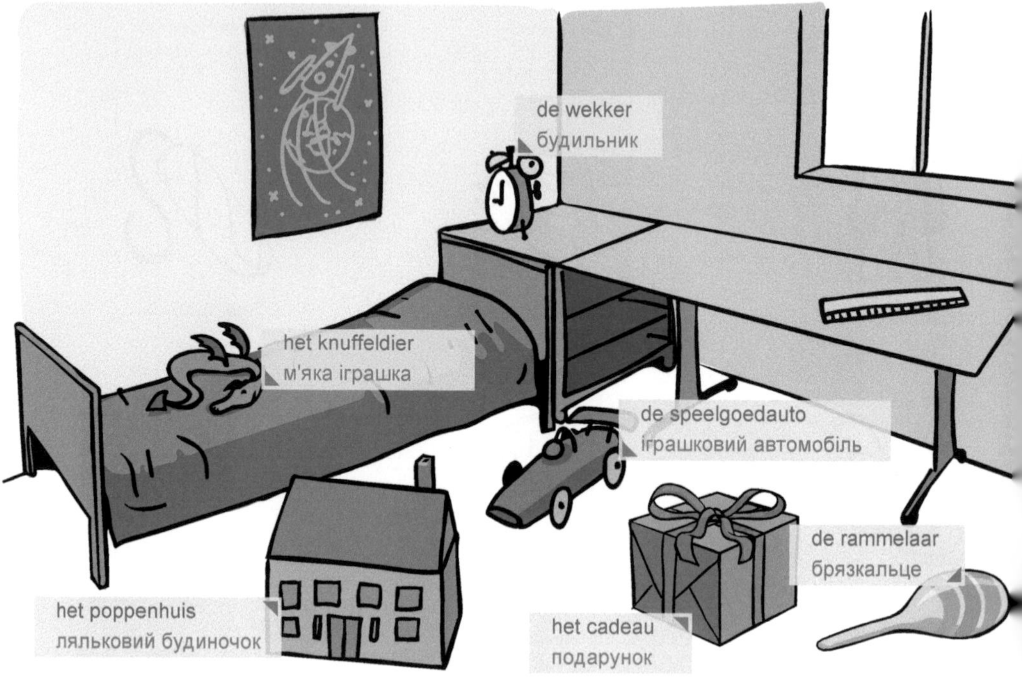

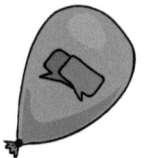

de ballon

повітряна кулька

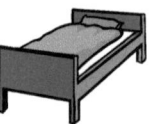

het bed

ліжко

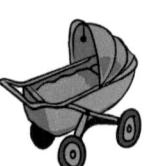

de kinderwagen

дитячий візок

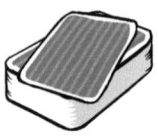

het kaartspel

картярська гра

de puzzel

пазл

SUPER MEGA

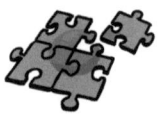

het stripverhaal

комікс

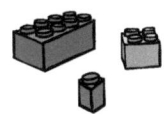

de legostenen

лего цеглинки

de speelgoedblokken

блоки

het actiefiguurtje

іграшкова фігурка

de romper

повзунки

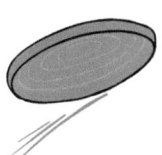

de frisbee

фризбі

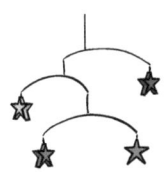

de/het mobile

мобіле

het bordspel

настільна гра

de dobbelsteen

кубик

de modeltrein

модель залізнична станція

de speen

соска

het feestje

вечірка

het prentenboek

книжка з картинками

de bal

м'яч

de pop

лялька

spelen

грати

de zandbak

пісочниця

de schommel

гойдалка

het speelgoed

іграшка

de spelcomputer

гральна консоль

de driewieler

триколісний велосипед

de teddybeer

плюшевий мішка

de kleerkast

шафа

de kleding

одяг

de sokken

шкарпетки

de kousen

панчохи

de panty

колготки

de sjaal
шарф

de paraplu
парасоля

de riem
ремінь

het T-shirt
футболка

de laarzen
чоботи

de pantoffels
домашнє взуття

de sportschoenen
кросівки

de sandalen
....
сандалі

de schoenen
....
взуття

de rubberlaarzen
....
гумові чоботи

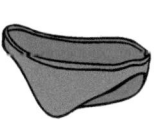

de onderbroek
....
труси

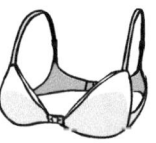

de beha
....
бюстгальтер

het onderhemd
....
нижня сорочка

de kleding - одяг

de body

боді

de broek

штани

de spijkerbroek

джинси

de rok

спідниця

de blouse

блузка

het overhemd

сорочка

de trui

пуловер

de hoody

светр

de blazer

піджак

de jas

куртка

de mantel

пальто

de regenjas

дощовик

het kostuum

костюм

de jurk

сукня

de trouwjurk

весільна сукня

het pak
костюм

het nachthemd
нічна сорочка

de pyjama
піжама

de sari
сарі

de hoofddoek
головна хустка

de tulband
чалма

de boerka
бурка

de kaftan
кафтан

de abaja
абая

het zwempak
купальник

de zwembroek
плавки

de korte broek
шорти

het trainingspak
тренувальний костюм

de/het schort
фартух

de handschoenen
рукавички

de knoop

гудзик

de bril

окуляри

de armband

браслет

de ketting

ланцюг

de ring

кільце

de oorbel

сережка

de pet

шапка

de kledinghanger

плічка

de hoed

капелюх

de stropdas

краватка

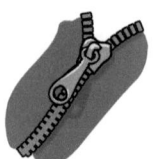

de rits

застібка-блискавка

de helm

шолом

de bretels

підтяжки

het schooluniform

шкільна форма

het uniform

уніформа

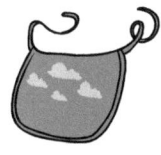

het slabbetje

нагрудник

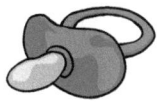

de speen

соска

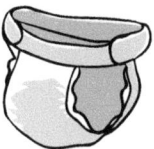

de luier

підгузок

het kantoor

офіс

de server
сервер
de archiefkast
шаф для документів
de printer
принтер
et papier
апір
het beeldscherm
монітор
de muis
миша
het bureau
письмовий стіл
de map
папка
het toetsenbord
синтезатор
de prullenmand
кошик для паперу
de computer
комп'ютер
de stoel
стілець

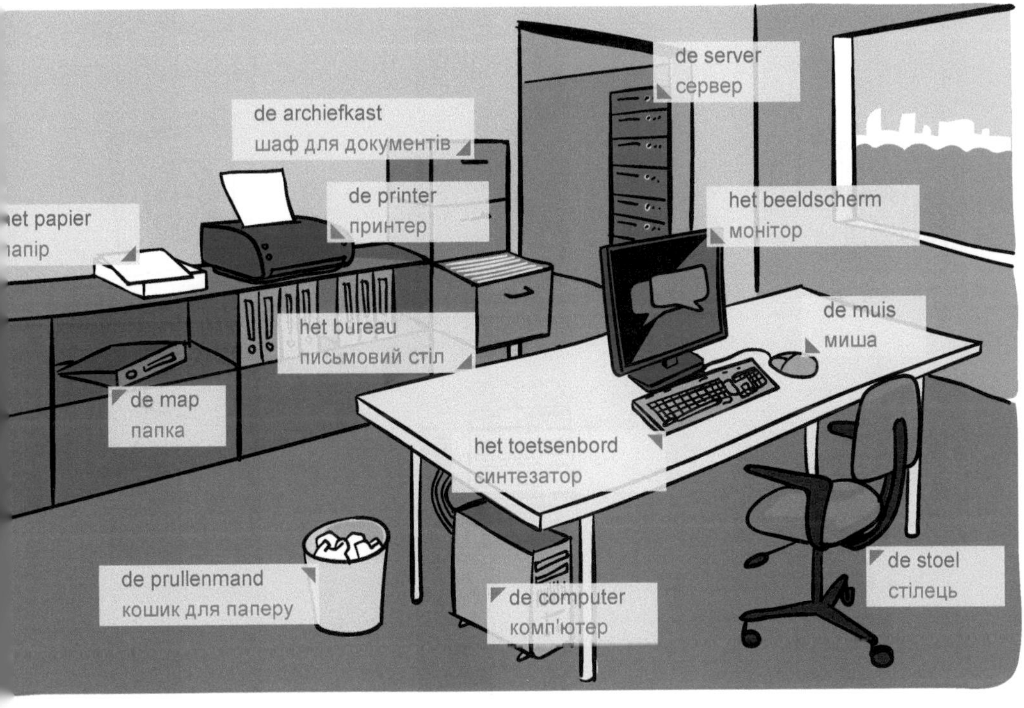

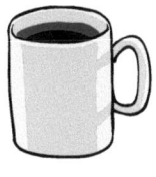

de koffiemok

кавовий кухоль

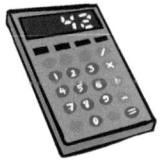

de rekenmachine

калькулятор

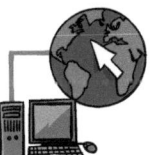

het internet

інтернет

de laptop

ноутбук

de brief

лист

het bericht

повідомлення

de mobiele telefoon

мобільний телефон

het netwerk

мережа

de kopieermachine

копіювальний пристрій

de software

програмне забезпечення

de telefoon

телефон

het stopcontact

розетка

de fax

факс

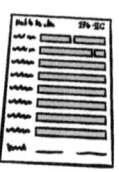

het formulier

бланк

het document

документ

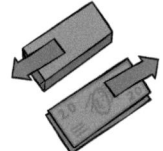

kopen

купувати

betalen

платити

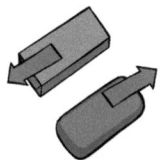

handel drijven

торгувати

het geld

гроші

 USD

de dollar

долар

 EUR

de euro

євро

 JPY

de yen

ієна

 RUB

de roebel

рубль

 CHF

de Zwitserse frank

франк

 CNY

de renmınbi yuan

юанів женьміньбі

 INR

de roepie

рупія

de geldautomaat

банкомат

het wisselkantoor

обмінний пункт

het goud

золото

het zilver

срібло

de olie

нафта

de energie

енергія

de prijs

ціна

het contract

контракт

de belasting

податок

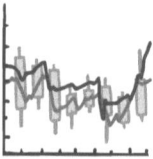

het aandeel

акція

werken

працювати

de werknemer

працівник

de werkgever

роботодавець

de fabriek

фабрика

de winkel

магазин

de beroepen
професії

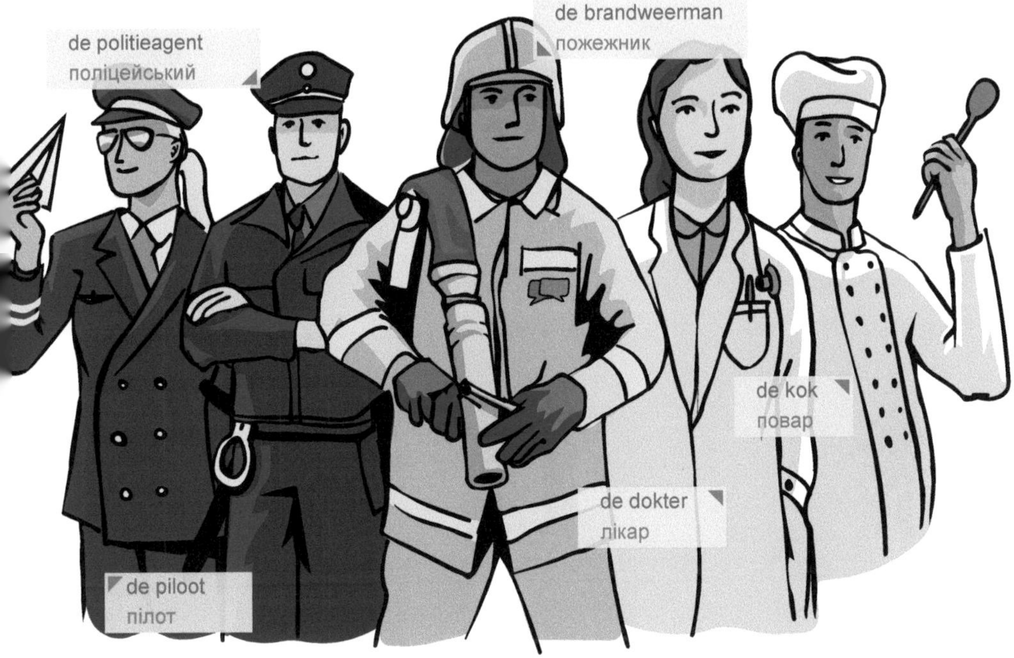
de brandweerman
пожежник
de politieagent
поліцейський
de kok
повар
de dokter
лікар
de piloot
пілот

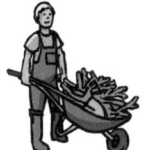

de tuinman
садівник

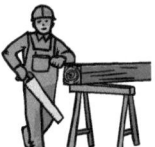

de timmerman
столяр

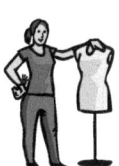

de naaister
швачка

de rechter
суддя

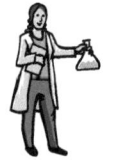

de scheikundige
хімік

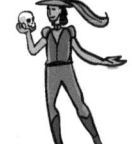

de toneelspeler
актор

de buschauffeur
водій автобуса

de taxichauffeur
таксист

de visser
рибалка

de schoonmaakster
прибиральниця

de dakdekker
покрівельник

de ober
офіціант

de jager
мисливець

de schilder
художник

de bakker
пекар

de elektricien
електрик

de bouwvakker
будівельник

de ingenieur
інженер

de slager
забійник

de loodgieter
бляхар

de postbode
листоноша

de soldaat
солдат

de architect
архітектор

de kassier
касир

de bloemist
флорист

de kapper
перукар

de conducteur
кондуктор

de monteur
механік

de kapitein
капітан

de tandarts
дантист

de wetenschapper
вчений

de rabbi
рабин

de imam
імам

de monnik
монах

de pastoor
пастор

het gereedschap

інструменти

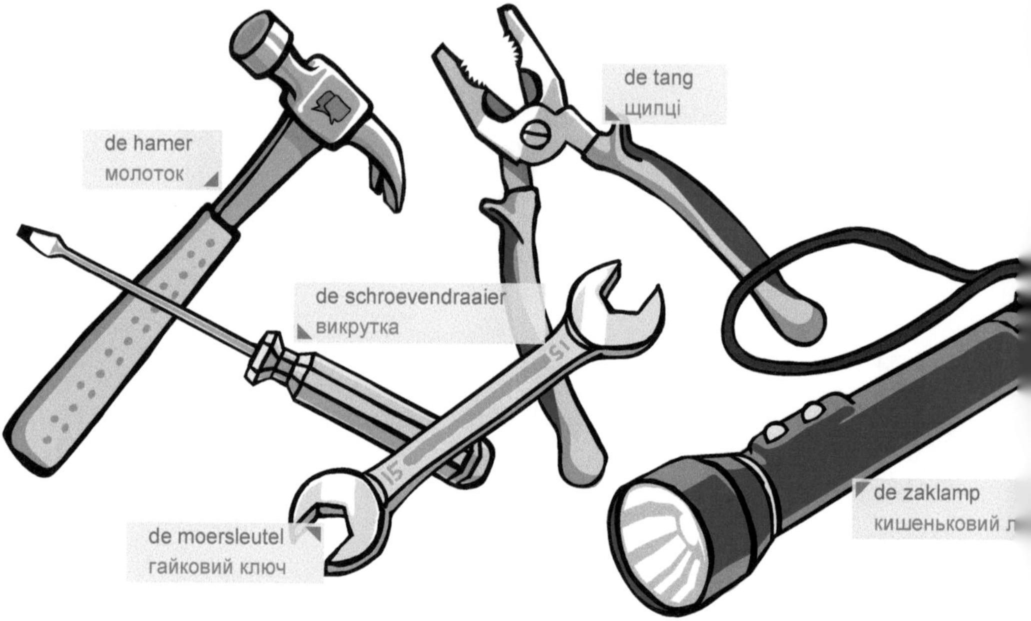
de hamer
молоток
de tang
щипці
de schroevendraaier
викрутка
de moersleutel
гайковий ключ
de zaklamp
кишеньковий л

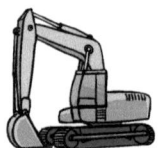

de graafmachine

екскаватор

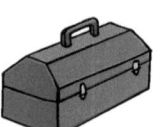

de gereedschapskist

ящик для інструментів

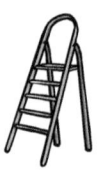

de ladder

драбина

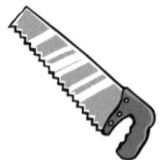

de zaag

пилка

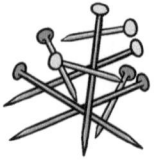

de spijkers

цвяхи

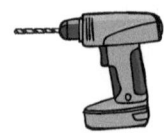

de boor

свердло

repareren

ремонтувати

de schep

лопата

Verdorie!

лайно!

het stofblik

совок

de verfpot

відро з фарбою

de schroeven

гвинти

de muziekinstrumenten
музичні інструменти

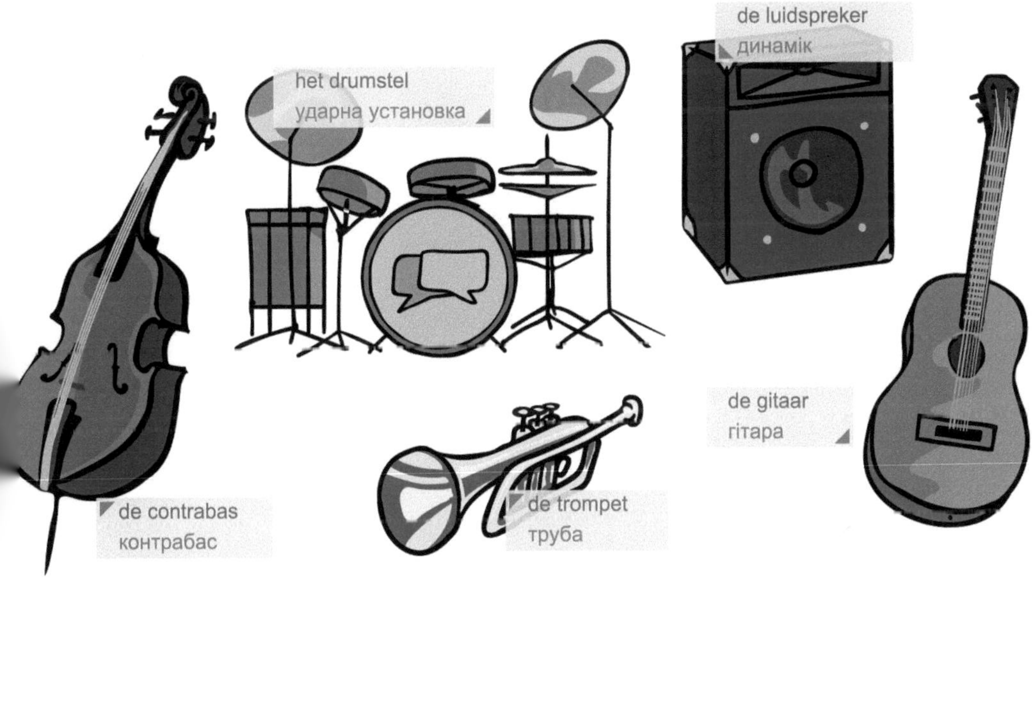

de luidspreker
динамік

het drumstel
ударна установка

de gitaar
гітара

de contrabas
контрабас

de trompet
труба

de piano

фортепіано

de viool

скрипка

de bas

бас

de pauk

литаври

de trommel

барабан

het keyboard

клавіатура

de saxofoon

саксофон

de fluit

флейта

de microfoon

мікрофон

de dierentuin
зоопарк

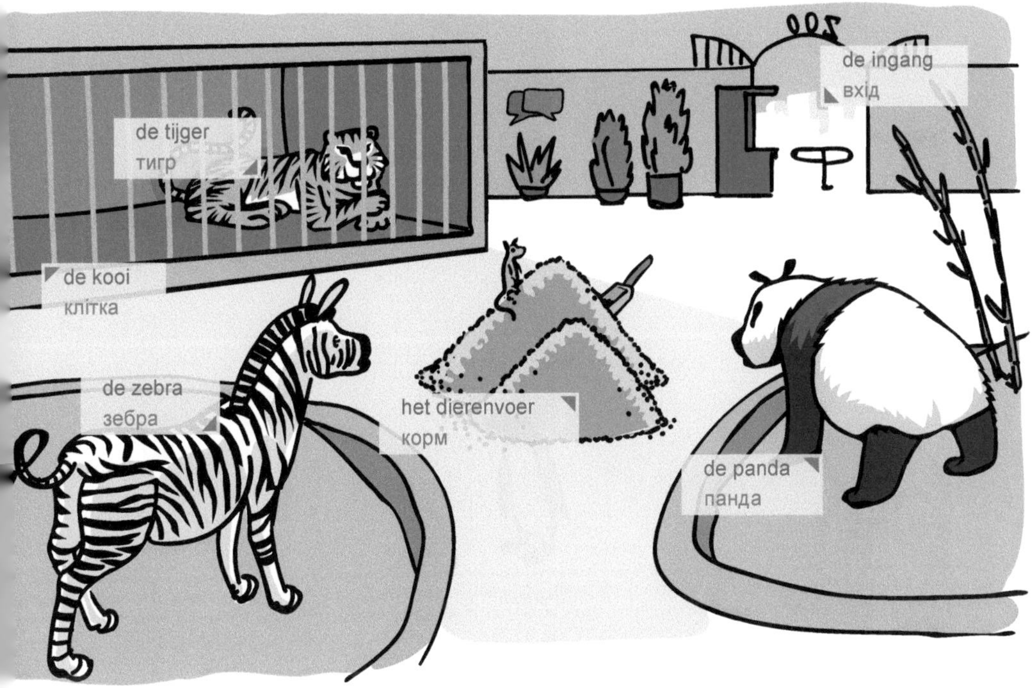
de ingang
вхід
de tijger
тигр
de kooi
клітка
de zebra
зебра
het dierenvoer
корм
de panda
панда

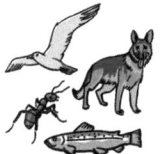

de dieren
тварини

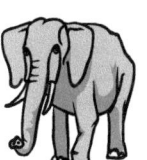

de olifant
слон

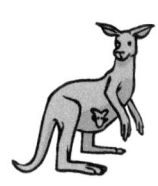

de kangoeroe
кенгуру

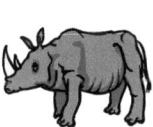

de neushoorn
носоріг

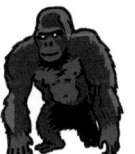

de gorilla
горила

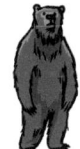

de beer
ведмідь

de kameel

верблюд

de struisvogel

страус

de leeuw

лев

de aap

мавпа

de flamingo

фламінго

de papegaai

папуга

de ijsbeer

білий ведмідь

de pinguïn

пінгвін

de haai

акула

de pauw

павич

de slang

змія

de krokodil

крокодил

de dierenverzorger

працівник зоопарку

de zeehond

тюлень

de jaguar

ягуар

de dierentuin - зоопарк

de pony

поні

de/het luipaard

леопард

het nijlpaard

гіпопотам

de giraffe

жираф

de adelaar

орел

het wild zwijn

кабан

de vis

риба

de schildpad

черепаха

de walrus

морж

de vos

лисиця

de gazelle

газель

American football
американський футбол

wielrennen
їзда на велосипеді

tennis
теніс

basketbal
баскетбол

zwemmen
плавання

boksen
бокс

ijshockey
хокей

voetbal
футбол

badminton
бадмінтон

atletiek
легка атлетика

handbal
гандбол

skiën
лижні перегони

polo
поло

springen
стрибати

lachen
сміятися

knuffelen
обіймати

lopen
йти

zingen
співати

dromen
мріяти

bidden
молитися

kussen
цілувати

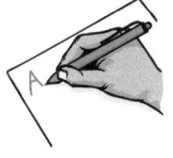

schrijven

писати

tekenen

малювати

tonon

показувати

duwen

тиснути

geven

давати

oppakken

брати

hebben

мати

doen

робити

zijn

бути

staan

стояти

rennen

бігати

trekken

тягнути

gooien

кидати

vallen

падати

liggen

лежати

wachten

очікувати

dragen

носити

zitten

сидіти

aankleden

одягати

slapen

спати

wakker worden

просипатися

de activiteiten - дії

bekijken

дивитися

huilen

плакати

strelen

гладити

kammen

розчісувати

praten

розмовляти

begrijpen

розуміти

vragen

питати

horen

слухати

drinken

пити

eten

їсти

opruimen

прибирати

houden van

любити

koken

варити

rijden

їхати

vliegen

літати

zeilen

йти під вітрилом

rekenen

рахувати

lezen

читати

leren

вчитися

werken

працювати

trouwen

одружуватися

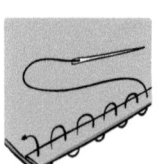

naaien

шити

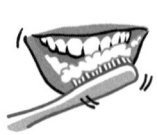

tandenpoetsen

чистити зуби

doden

убивати

roken

курити

verzenden

посилати

de familie

сім'я

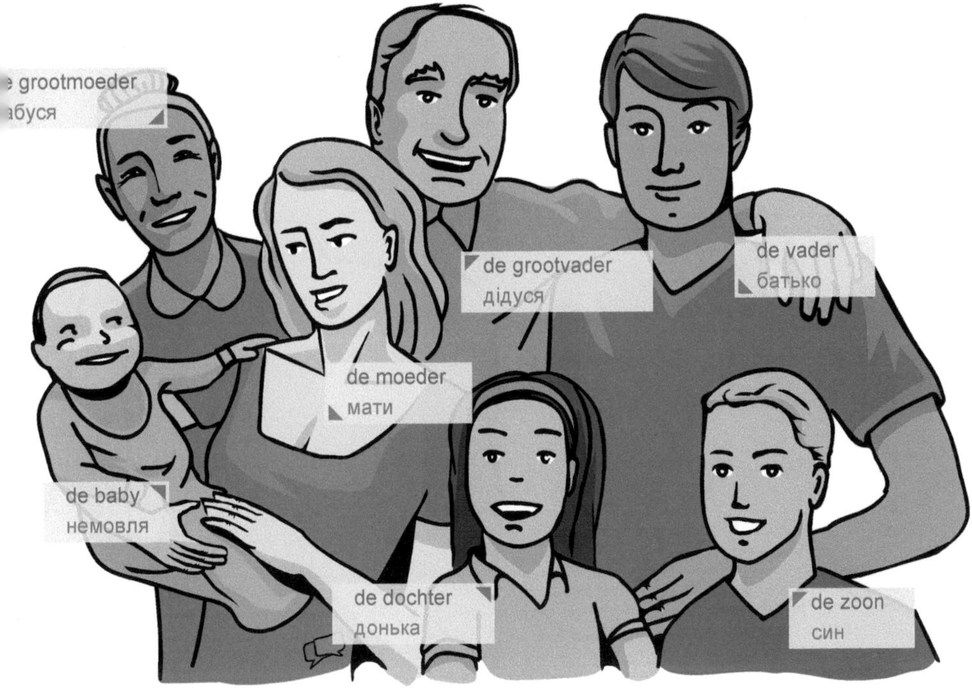

grootmoeder
абуся
de grootvader
дідуся
de vader
батько
de moeder
мати
de baby
немовля
de dochter
донька
de zoon
син

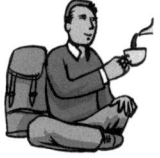

de gast

гість

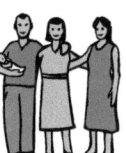

de tante

тітка

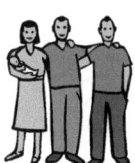

dc oom

дядько

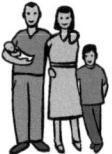

de broer

брат

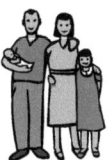

de zus

сестра

het lichaam

тіло

het voorhoofd
чоло
het oog
око
de schouder
плече
de vinger
палець
het gezicht
обличчя
de kin
підборіддя
de hand
кисть
de borst
груди
het been
нога
de arm
рука

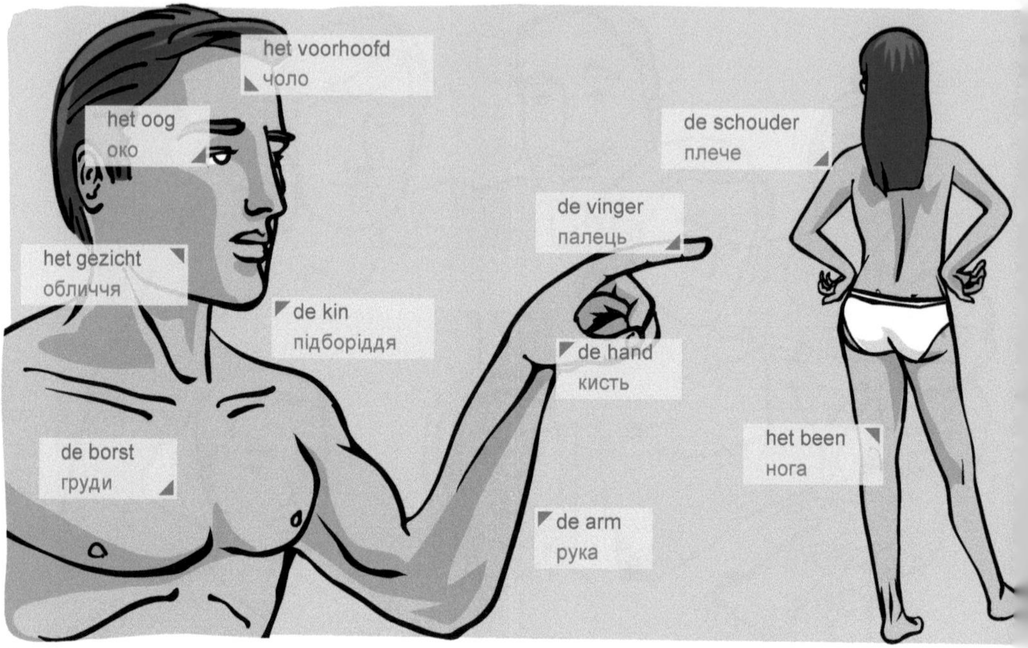

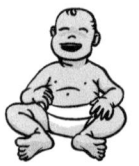

de baby
немовля

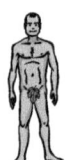

de man
чоловік

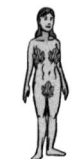

de vrouw
жінка

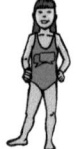

het meisje
дівчина

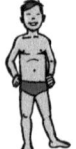

de jongen
хлопчик

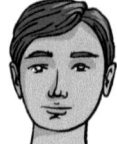

het hoofd
голова

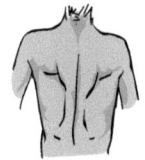

de rug

спина

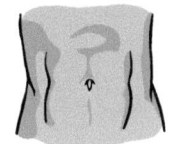

de buik

живіт

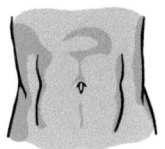

de navel

пуп

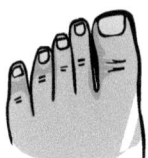

de teen

палець ноги

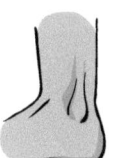

de hiel

п'ята

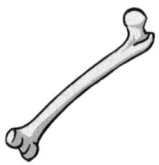

het bot

кістка

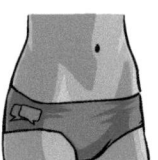

de heup

стегно

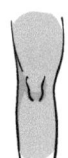

de knie

коліно

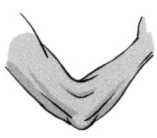

de elleboog

лікоть

de neus

ніс

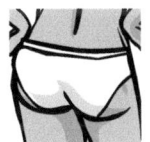

het achterwerk

сідниці

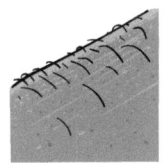

de huid

шкіра

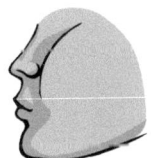

de wang

щока

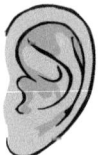

het oor

вухо

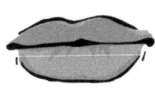

de lippen

губа

de mond

рот

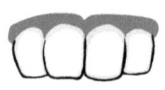

de tand

зуб

de tong

язик

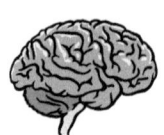

de hersenen

мозок

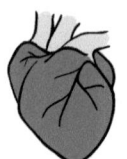

het hart

серце

de spier

м'яз

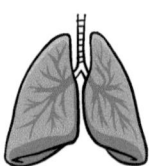

de long

легені

de lever

печінка

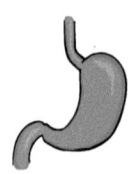

de maag

шлунок

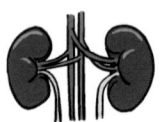

de nieren

нирки

de geslachtsgemeenschap

статевий акт

het condoom

презерватив

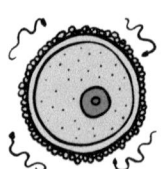

de eicel

яйцеклітина

het sperma

сперма

de zwangerschap

вагітність

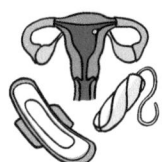

de menstruatie

менструація

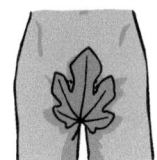

de vagina

вагіна

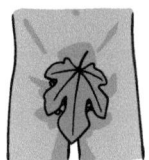

de penis

пеніс

de wenkbrauw

брова

het haar

волосся

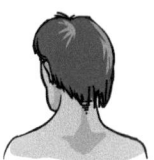

de hals

шия

het ziekenhuis

лікарня

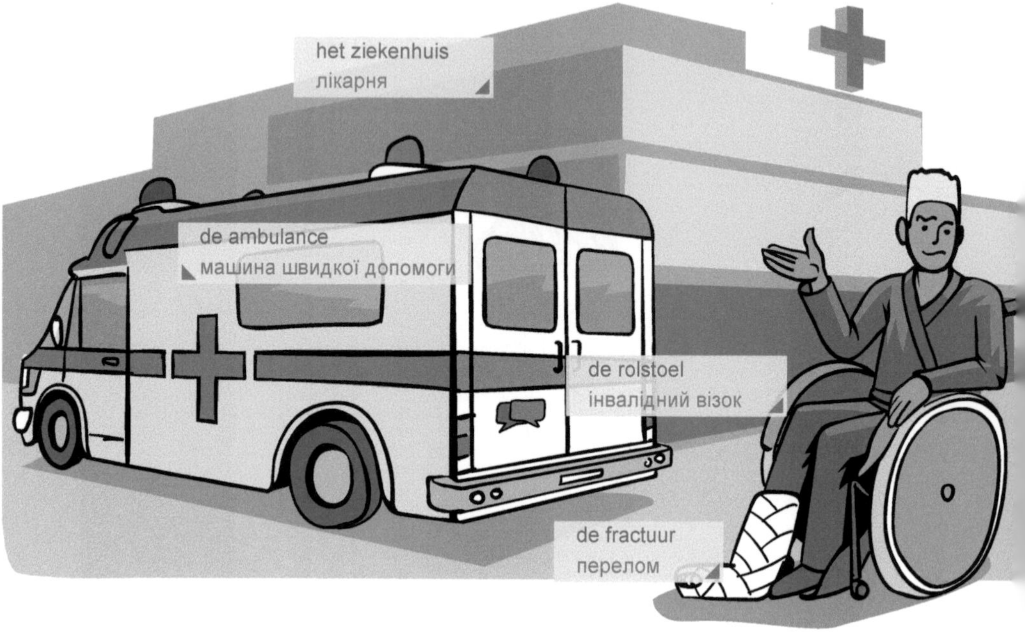

het ziekenhuis
лікарня
de ambulance
машина швидкої допомоги
de rolstoel
інвалідний візок
de fractuur
перелом

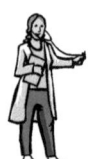

de dokter

лікар

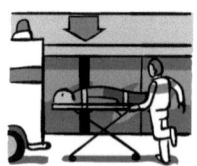

de EHBO

відділення швидкої медичної допомоги

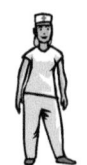

de verpleegster

медсестра

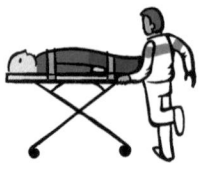

het noodgeval

аварійний випадок

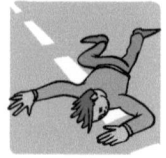

bewusteloos

непритомний

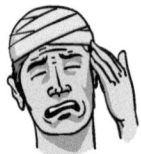

de pijn

біль

de verwonding

травма

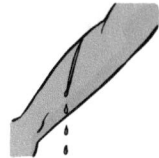

de bloeding

кровотеча

de hartaanval

інфаркт

de beroerte

інсульт

de allergie

алергія

de hoest

кашель

de koorts

лихоманка

de griep

грип

de diarree

пронос

de hoofdpijn

головна біль

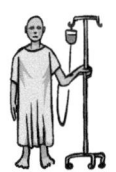

de kanker

рак

de diabetes

діабет

de chirurg

хірург

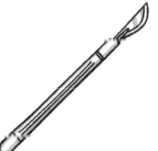

het scalpel

скальпель

de operatie

операція

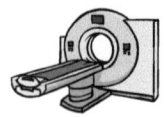

de CT

КТ

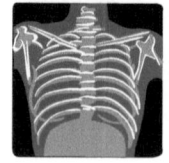

de röntgen

рентген

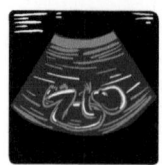

de echografie

ультразвук

het gezichtsmasker

маска

de ziekte

хвороба

de wachtkamer

зал очікування

de kruk

милиця

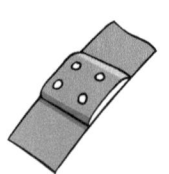

de pleister

пластир

het verband

пов'язка

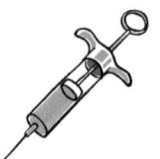

de injectie

ін'єкція

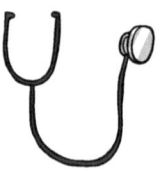

de stethoscoop

стетоскоп

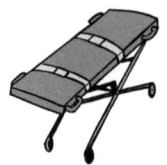

de brancard

ноші

de thermometer

термометр

de geboorte

народження

het overgewicht

надмірна вага

het gehoorapparaat

слуховий апарат

het ontsmettingsmiddel

дезінфікуючий засіб

de infectie

інфекція

het virus

вірус

(de) HIV / AIDS

ВІЛ / СНІД

het medicijn

медицина

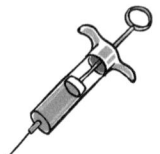

de inenting

вакцинація

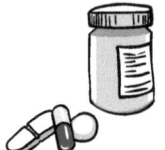

de tabletten

таблетки

de pil

протизаплідна пігулка

het alarmnummer

екстрений виклик

de bloeddrukmeter

тонометр

ziek / gezond

хворий / здоровий

Help!

Допоможіть!

het alarm

сигнал тривоги

de overval

напад

de aanval

атака

het gevaar

небезпека

de nooduitgang

аварійний вихід

Brand!

Вогонь!

de brandblusser

вогнегасник

het ongeluk

аварія

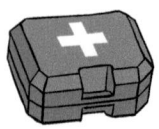

de EHBO-koffer

аптечка

SOS

СОС

de politie

поліція

Europa

Європа

Noord-Amerika

Північна Америка

Zuid-Amerika

Південна Америка

Afrika

Африка

Azië

Азія

Australië

Австралія

de Atlantische Oceaan

Атлантика

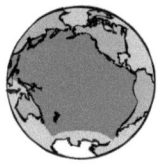

de Stille Oceaan

Тихий океан

de Indische Oceaan

Індійський океан

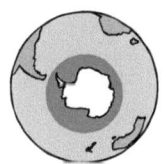

de Zuidelijke Oceaan

Антарктичний океан

de Noordelijke IJszee

Північний Льодовитий океан

de Noordpool

Північний полюс

de Zuidpool

Південний полюс

Antarctica

Антарктика

de aarde

Земля

het land

суша

de zee

море

het eiland

острів

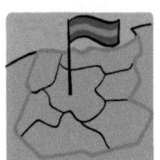

de natie

нація

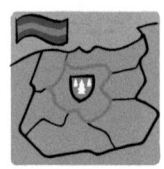

de staat

держава

de wijzerplaat

циферблат

de uurwijzer

годинникова стрілка

de minutenwijzer

хвилинна стрілка

de secondewijzer

секундна стрілка

Hoe laat is het?

Котра година?

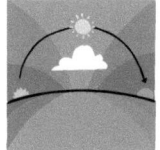

de dag

день

de tijd

час

nu

зараз

het digitaal horloge

цифровий годинник

de minuut

хвилина

het uur

година

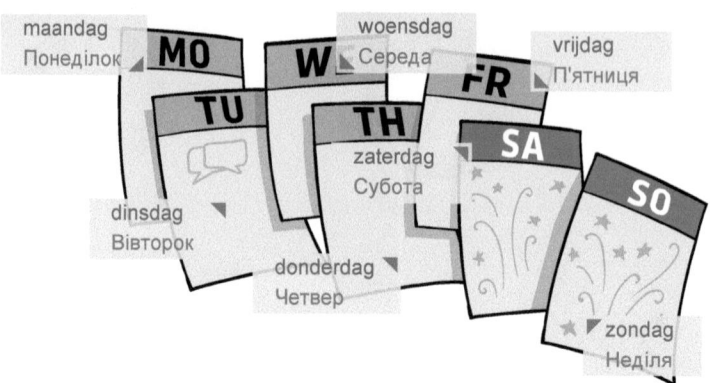

maandag
Понеділок
MO

woensdag
Середа
W

vrijdag
П'ятниця
FR

TU

TH

SA

SO

dinsdag
Вівторок

zaterdag
Субота

donderdag
Четвер

zondag
Неділя

gisteren

вчора

vandaag

сьогодні

morgen

завтра

de ochtend

ранок

de middag

опівдні

de avond

вечір

de werkdagen

робочі дні

het weekend

кінець робочого тижня

het jaar
рік

de regen
дощ
de regenboog
веселка
de sneeuw
сніг
de wind
вітер
het voorjaar
весна
de herfst
осінь
de zomer
літо
de winter
зима

4.APRIL 11°
5.APRIL 4°
6.APRIL 13°
7.APRIL 8°
8.APRIL 10°

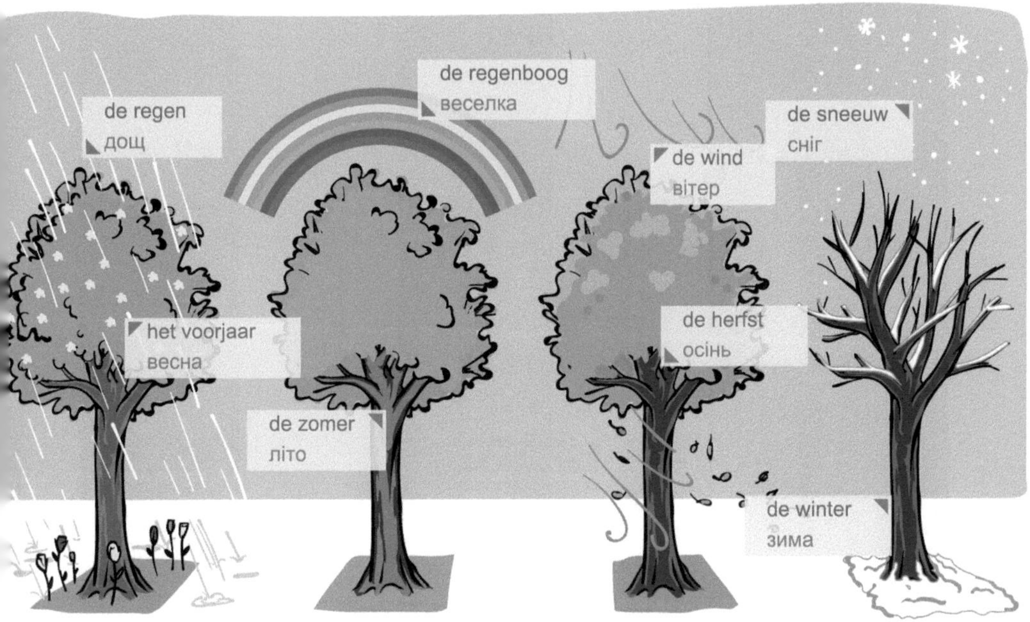

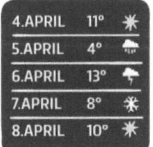

het weerbericht

прогноз погоди

F
C
120
90
60
30
0
-30
40
30
20
10
0
-10
-20

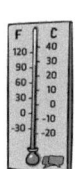

de thermometer

термометр

de zonneschijn

сонячне світло

de wolk

хмара

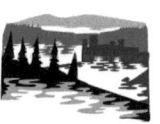

de mist

туман

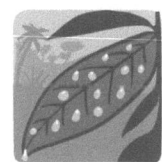

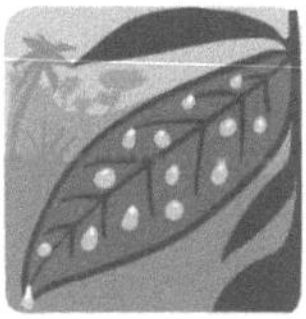

de luchtvochtigheid

вологість повітря

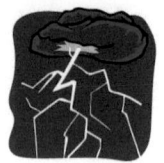

de bliksem

блискавка

de donder

грім

de storm

шторм

de hagel

град

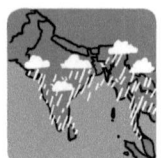

de moesson

мусон

de overstroming

повінь

het ijs

лід

januari

Січень

februari

Лютий

maart

Березень

april

Квітень

mei

Травень

juni

Червень

juli

Липень

augustus

Серпень

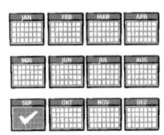

september
....
Вересень

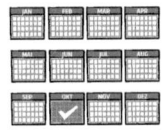

oktober
....
Жовтень

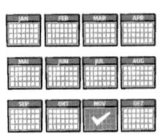

november
....
Листопад

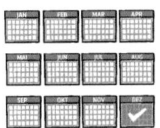

december
....
Грудень

de cirkel
....
круг

het vierkant
....
квадрат

de rechthoek
....
прямокутник

de driehoek
....
трикутник

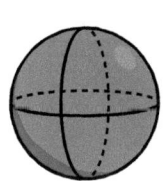

de bol
....
куля

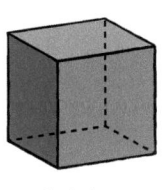

de kubus
....
куб

wit

білий

geel

жовтий

oranje

помаранчевий

roze

рожевий

rood

червоний

paars

фіолетовий

blauw

синій

groen

зелений

bruin

коричневий

grijs

сірий

zwart

чорний

veel / weinig

багато / мало

boos / rustig

лютий / мирний

mooi / lelijk

гарний / бридкий

begin / einde

початок / кінець

groot / klein

великий / малий

licht / donker

світлий / темний

broer / zus

брат / сестра

schoon / vies

чистий / брудний

volledig / onvolledig

завершений /
незавершений

dag/ nacht

день / ніч

dood / levend

мертвий / живий

breed / smal

широкий / вузький

eetbaar / oneetbaar

їстівний / неїстівний

gemeen / aardig

злий / дружній

opgewonden / verveeld

збуджений / нудьгуючий

dik / dun

товстий / тонкий

eerste / laatste

спочатку / востаннє

vriend / vijand

друг / ворог

vol / leeg

повний / порожній

hard / zacht

жорсткий / м'який

zwaar / licht

важкий / легкий

honger / dorst

голод / спрага

ziek / gezond

хворий / здоровий

illegaal / legaal

незаконний / законний

intelligent / dom

розумний / дурний

links / rechts

вліво / вправо

dichtbij / ver

поруч / далеко

nieuw / gebruikt

новий / використаний

niets / iets

нічого / щось

oud / jong

старий / молодий

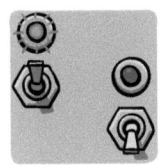

aan / uit

вкл / викл

open / gesloten

відкрито / закрито

zacht / luid

тихо / гучно

rijk / arm

багатий / бідний

goed / fout

правильно / неправильно

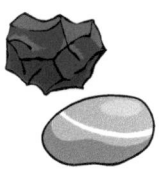

ruw / glad

шорсткий / гладкий

verdrietig / gelukkig

сумний / щасливий

kort / lang

короткий / довгий

langzaam / snel

повільно / швидко

nat / droog

вологий / сухий

warm / koel

гарячий / холодний

oorlog / vrede

війна / мир

0

nul

нуль

1

één

один

2

twee

два

3

drie

три

4

vier

чотири

5

vijf

п'ять

6

zes

шість

7

zeven

сім

8

acht

вісім

9

negen

дев'ять

10

tien

десять

11

elf

одинадцять

12

twaalf

дванадцять

13

dertien

тринадцять

14

veertien

чотирнадцять

15

vijftien

п'ятнадцять

16

zestien

шістнадцять

17

zeventien

сімнадцять

18

achttien

вісімнадцять

19

negentien

дев'ятнадцять

20

twintig

двадцять

100

honderd

сто

1.000

duizend

тисяча

1.000.000

miljoen

мільйон

Engels

англійська

Amerikaans Engels

американська англійська

Chinees Mandarijn

китайська
високочиновницька

Hindi

хінді

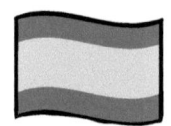

Spaans

іспанська

Frans

французька

Arabisch

арабська

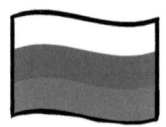

Russisch

російська

Portugees

португальська

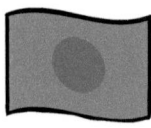

Bengalees

бенгальська

Duits

німецька

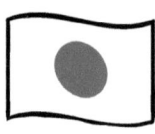

Japans

японська

ik

я

jij

ти

hij / zij / het

він / вона / воно

wij

ми

jullie

ви

zij

вони

wie?

хто?

wat?

що?

hoe?

як?

waar?

де?

wanneer?

коли?

de naam

ім'я

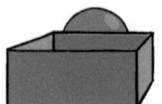

achter

ззаду

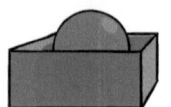

in

в

voor

перед

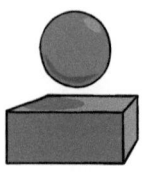

boven

над

op

на

onder

під

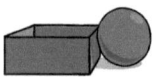

naast

біля

tussen

між

plaats

місце